Gerhard Engelsberger

Licht – verborgen im Überfluss

Ausgewählte Texte zu
Advent und Weihnachten aus

BIBELWORTE
fortgeschrieben

Die nachfolgenden Texte sind entnommen aus „Bibelworte fortgeschrieben“, die Gerhard Engelsberger seit 2006 jährlich für alle Tage des Jahres im Verlag der Evangelischen Gesellschaft Stuttgart herausgibt.
Die Erscheinungsdaten des jeweiligen fortgeschriebenen Bibelwortes finden sich jeweils am Ende.

Verlag und Buchhandlung der Evangelischen Gesellschaft GmbH,
Stuttgart, Augustenstraße 124, 70197 Stuttgart,
Telefon 0711 60100 0, Fax 60100 76
www.verlag-eva.de

Typografie, Satz und Umschlaggestaltung:
Atelier Reichert, Stuttgart
Fotos: Frank Zeithammer
Titelfoto: Gerhard Engelsberger
ISBN 978-3-945369-47-0

Licht,
verletzlich und zart
wie ein Kind
streut Hoffnung
ins Dunkel,
bricht Weite
in Mauern,
kommt,
leuchtet
und bleibt.

Nichts Dunkles
hält stand.

Im Licht

Die Finsternis vergeht, und das wahre Licht scheint jetzt.

1. JOHANNES 2,8

Immer streiten Licht und Dunkelheit. Immer erhebt sich Finsternis gegen das Licht. Von Anfang der Schöpfung an wird den Geschöpfen Erkenntnis geschenkt und Dunkelheit. Wir aber vertrauen darauf, dass mit Jesus Christus die Zeit des Lichts begonnen hat und mit der Auferstehung die gute Schöpfung siegt.

Gestern schon leuchtete ein Stern,
vielleicht schon sahen wir klar.
Heute schon sähe ich gern.
Morgen schon – wird es auch wahr.

(6. Januar 2015)

Komm doch

So schau nun vom Himmel und sieh herab von deiner heiligen, herrlichen Wohnung! Wo ist nun dein Eifer und deine Macht? Deine große, herzliche Barmherzigkeit hält sich hart gegen mich. Bist du doch unser Vater; denn Abraham weiß von uns nichts, und Israel kennt uns nicht. Du, Herr, bist unser Vater; „Unser Erlöser", das ist von alters her dein Name.

JESAJA 63,15.16

Wie kannst du zusehen, dass Völker sich bekriegen, Flüchtlinge verhungern und die Elenden nicht einmal mehr eine Nachricht wert sind?

Reiß auf die Himmel,
bring Licht ins Dunkel,
greif ein ins Geschehen.
Gott.

(6. Dezember 2011)

Aus der tiefsten Mitte

Das Wort ward Fleisch und wohnte unter uns, und wir sahen seine Herrlichkeit.

JOHANNES 1,14

Und es war, als blickten wir tief in das Herz Gottes.

Aus der tiefsten Mitte Gottes,
aus dem Grund der Liebe
und der Quelle des Lichts
kommst du, Jesus Christus,
erst ein schwaches Licht,
dann voll der Liebe
und mitten im Leben.
Wahrer Mensch, wahrer Gott.

(25. Dezember 2011)

Vertraut eurem Glauben

Ich hatte von dir nur vom Hörensagen vernommen; aber nun hat mein Auge dich gesehen.
Hiob 42,5
Und so kann ich allen, die dich nur vom Hörensagen kennen, sagen: Habt Vertrauen, glaubt nicht eurem Zweifel, vertraut eurem Glauben.

Der Zweifel ist der Bruder des Glaubens.
Nun leuchte du unserem Weg.
Wir vertrauen deinem Licht.
Die Gemeinschaft trägt.
Und du kennst mich.

(27. Dezember 2011)

8

Liebe erinnert

Er zählt die Sterne und nennt sie alle mit Namen.

PSALM 147,4

Seine Liebe erinnert.

Jenseits der
Lamettaspuren,
über alle
wintergrünweißen Hügel hinweg:
Gott liebt ohne Kitsch
und doppelten Boden.

(22. Dezember 2008)

Nachtwächter

Ja, du machst hell meine Leuchte, der Herr, mein Gott, macht meine Finsternis licht.

PSALM 18,29

Er eilt von Dunkelheit zu Dunkelheit, scheut keinen Schatten und leuchtet auch meine dunklen Seiten so aus, dass ich sie selbst ertrage.

Am Morgen bin ich griesgrämig.
Am Mittag bin ich aufgedreht.
Am Nachmittag bin ich müde.
Am Abend neide ich Jüngeren ihr Glück.
In der Nacht liege ich wach
und bete.

(20. Januar 2016)

Zieh den Kreis nicht zu eng!

Wer darf auf des Herrn Berg gehen, und wer darf stehen an seiner heiligen Stätte? Wer unschuldige Hände hat und reinen Herzens ist, wer nicht bedacht ist auf Lug und Trug und nicht falsche Eide schwört: der wird den Segen vom Herrn empfangen und Gerechtigkeit von dem Gott seines Heiles.

PSALM 24,4.5

Dann, mein Gott, werden es recht wenige sein, die vor dem Tempel stehen. Zieh den Kreis nicht zu eng!

Keiner von uns,
der nichts verbockt hat.
Der eine hat die Ehe an die Wand gefahren,
der andere die Kinder vernachlässigt,
eine dritte hat die Steuer betrogen
und eine vierte lügt, wenn man sie fragt.
Zieh den Kreis nicht zu eng.
Wir haben alle Schattenseiten
und wollen doch ans Licht.

(30. November 2011)

So sei es – endlich

Und es wird ein Reis hervorgehen aus dem Stamm Isais und ein Zweig aus seiner Wurzel Frucht bringen. Auf ihm wird ruhen der Geist des Herrn, der Geist der Weisheit und des Verstandes, der Geist des Rates und der Stärke, der Geist der Erkenntnis und der Furcht des Herrn.

JESAJA 11,1.2

So sei es – endlich.

Ein lichter Zauber liegt auf jedem Blatt.
Ein Körnchen Wahrheit liegt auf jeder Seele,
dass sie sich nicht auch noch im Dunkeln quäle,
wo doch das Leben so viel Qualen hat und wenig Licht.
Ein kleiner Himmel tropft in jedes Herz.
Ist munter und treibt wortreich dicke Blüten.
Ist Balsam jetzt nach vieler Herbste Wüten
und wehrt im Ostwind jedem heißen Schmerz und
windet sich.
Ein purer Frieden schneit auf jedes Haus.
Nach warmen Nächten endlich nun der Morgen,
nach wirren Träumen und nach satten Sorgen
muss doch das Warten ledig sein und aus.
Ich friere nicht.

(17. Dezember 2013)

Menschensohn

Ich sah in diesem Gesicht in der Nacht, und siehe, es kam einer mit den Wolken des Himmels wie eines Menschen Sohn und gelangte zu dem, der uralt war, und wurde vor ihn gebracht. Der gab ihm Macht, Ehre und Reich, dass ihm alle Völker und Leute aus so vielen verschiedenen Sprachen dienen sollten. Seine Macht ist ewig und vergeht nicht, und sein Reich hat kein Ende.

DANIEL 7,13.14

Und Jahrhunderte später fanden die Jünger und Jesus selbst das Gesicht wieder und sagten: Jesus, das ist der Menschensohn.

Sohn des Menschen.
Gottessohn.
Kind in der Krippe.
Erlöser.
„Herr“ sagen die einen.
„Heiland“ die anderen.
Ach, Begriffe sind Schaum und Nebel.
Die Frage ist nur:
Spüre ich dich?
Oder bleibst du mir fremd?

(19. Dezember 2016)

Nicht begriffen – nicht ergriffen

Und das Licht scheint in der Finsternis, und die Finsternis hat's nicht ergriffen.

JOHANNES 1,5

Doch ist es nicht augenscheinlich, dass das Dunkle nichts mehr scheut als das Licht?

In mir ist Dunkel und Licht.
In mir ist Gut und Böse.
In mir ist Leben.
Ein steter Kampf.
Hilf mir, mein Gott.

(4. Dezember 2013)

Mitten in dunkler Zeit

Der oben thront in der Höhe, der herniederschaut in die Tiefe, der den Geringen aufrichtet aus dem Staube und erhöht den Armen aus dem Schmutz, dass er ihn setze neben die Fürsten, neben die Fürsten seines Volkes; der die Unfruchtbare im Hause zu Ehren bringt, dass sie eine fröhliche Kindermutter wird.

PSALM 113,6–9

Mitten in dunkler Zeit schaust du in die Tiefe. Mitten in dunkler Zeit hast du ein gutes Wort. Mitten in dunkler Zeit bin ich guter Hoffnung.

In dunkler Zeit,
wenn die Tage kürzer werden
und die Nächte länger,
brennt eine Kerze
schnell herab.
Du, Gott, bist mein Licht.
Ich muss kein Öl nachfüllen,
keine neue Kerze anzünden.
Es ist immer hell.
Danke.

(14. November 2016)

Dem Licht folgen

Umso fester haben wir das prophetische Wort, und ihr tut gut daran, dass ihr darauf achtet als auf ein Licht, das da scheint an einem dunklen Ort, bis der Tag anbreche und der Morgenstern aufgehe in euren Herzen.

2. PETRUS 1,19

Doch dann zögert nicht, ihm zu folgen. Ihr seid – mit Millionen anderer – auf einem guten Weg.

Unsere katholischen
Schwestern und Brüder
feiern Allerheiligen.
Segne die Gottesdienste,
den Gang auf den Friedhof
und alle guten Erinnerungen.
Stärke unsere Gemeinschaft
über die konfessionellen Grenzen hinaus.

(1. November 2016)

Kein Beutegut

Er, der in göttlicher Gestalt war, hielt es nicht für einen Raub, Gott gleich zu sein.

PHILIPPER 2,5

Denn Vollkommenheit ist kein Beutegut und Gnade ist kein Verdienst. Leben ist ein Geschenk und schenken geht nur mit offener Hand.

Wir fragen: Was bleibt?
Er sagt: der Wandel.
Wir fragen: Was zählt?
Er sagt: die Weite.
Wir fragen: Was kommt?
Er sagt: die Liebe.

(16. Dezember 2011)

Lobt Gott, ihr Christen, alle gleich

Und die Hirten kehrten wieder um, priesen und lobten Gott für alles, was sie gehört und gesehen hatten, wie denn zu ihnen gesagt war.

LUKAS 2,20

Und das kleine Licht aus Bethlehem verbreitete sich in einfacher Sprache, in vielen Bildern, in wunderbaren Liedern, in erstaunlichen Worten. Das Licht brach sich in müden Augen, flammte auf in fröhlichem Kinderlachen, machte Feinde zu Freunden und tröstete Sterbende. Und so machte es die Welt weiter und weiter bis heute.

Du hast uns beschenkt.
Aus der Tiefe des Lichts hast du uns beschenkt,
ewiger Gott.
Du bringst unsere Mittelmäßigkeit ans Licht,
und es tut nicht weh.
Du bringst unsere Schuld an den Tag,
und wir müssen uns nicht ducken.
Du freust dich an unserer Freude und pflegst
unsere Gaben.
Bewahre dein Licht unter uns.

(25. Dezember 2010)

Licht braucht Sauerstoff

Die Finsternis vergeht, und das wahre Licht scheint jetzt.

1. JOHANNES 2,8

Ihr seht das Licht, ihr habt die Worte gehört von Hirten, Engeln, Frauen und Männern, von Evangelisten und der langen Reihe eurer Vorfahren. Nun tragt dieses verletzliche Licht weiter. Haltet es nicht für euch unter Verschluss. Weitet den Horizont. Licht braucht Sauerstoff!

Die Worte und Erfahrungen
aller vor mir
bezeugen, dass dein Licht,
Jesus Christus,
sich ausgebreitet hat
bis zu mir.
Gib mir deinen Segen,
dass ich wenigsten meinen Nächsten
dein Licht weitergeben kann.

(6. Januar 2016)

Licht auf meinem Weg

Dein Wort ist meines Fußes Leuchte und ein Licht auf meinem Wege.

PSALM 119,105

Ich bin Wege gegangen: den Schulweg, den Weg zur Arbeit; Autobahnen und Holzwege; Umwege und Kreuzwege. Es gibt Menschen, die haben mir Wege geebnet. Andere haben mir Wege verbaut. Ich weiß manchmal nicht, was besser für mich ist. Ich brauche ein Licht, das weiter reicht als bis zur nächsten Kreuzung.

Alle meine Wege, Herr,
führen in deine Hände.
Lass deine Hände offen, Herr,
bis wir uns finden,
komm mir entgegen
und achte auf mich -
ich komme auf Umwegen

(9. Januar 2007)

Leuchten

Viele sagen: „Wer wird uns Gutes sehen lassen?“ Herr, lass leuchten über uns das Licht deines Antlitzes!

PSALM 4,7

Dann wird es hell um uns, die verkrampften Hände lösen sich, die Spannung weicht.

Gott, ich brauche nicht viel.
Du hast mir viel gegeben.
Du kennst mich.
Ich will nicht auf die Bühne.
Ich will nicht im Licht stehen.
Nur in deinem Licht.

(26. Januar 2017)

Mitten im Licht

Und Gott sah, dass das Licht gut war. Da schied Gott das Licht von der Finsternis

1. MOSE 1,4

und sprach: Es sei Leben mitten in der Finsternis und Wahrheit mitten im Licht.

„Mach's wie Gott, werde ein Mensch",
hat einer gesagt. Recht hat er.
Nun, Gott,
bring mir das Leuchten bei.

(15. Dezember 2012)

Als sie den Stern sahen

Als sie den Stern sahen, wurden sie hocherfreut und gingen in das Haus und fanden das Kindlein mit Maria, seiner Mutter, und fielen nieder und beteten es an und taten ihre Schätze auf und schenkten ihm Gold, Weihrauch und Myrrhe

MATTHÄUS 2,10.11

und alle Berechnungen, die sie angestellt hatten. Das waren viele. Und Papier war teuer.

Sähe ich den Stern,
fände ich ein Kind,
träfe ich auf liebe Eltern –
was wäre ich dankbar.

(6. Januar 2012)

Homo factus est

Das Wort ward Fleisch und wohnte unter uns, und wir sahen seine Herrlichkeit.

JOHANNES 1,14

Wie die Weisen beten wir an, wie die Hirten erzählen wir weiter und wie die vor uns setzen wir unsere Hoffnung auf dieses Wort.

Du, Gott, bist Mensch geworden,
einfacher Leute Kind.
Wenn Menschen mit dir sprechen,
dann hörst du aus eigener Erfahrung,
Bruder Gott.

(27. Dezember 2009)

Lauter Licht

Er ändert Zeit und Stunde; er setzt Könige ab und setzt Könige ein; er gibt den Weisen ihre Weisheit und den Verständigen ihren Verstand, er offenbart, was tief und verborgen ist; er weiß, was in der Finsternis liegt, denn bei ihm ist lauter Licht.

DANIEL 2,21.22

Alle unsere Versuche, seine Wahrheit in Begriffe zu fassen, ist so, als wolle man dem Feuer einen Rahmen geben.

Du Licht,
du Feuer,
du Glanz.
Möge dich keiner verfinstern.
Möge dich niemand löschen.
Möge dich niemand demütigen.
Leuchte!

(5. Januar 2013)

Der das Universum weitet

Wer an den Sohn glaubt, der hat das ewige Leben.
JOHANNES 3,36

Und wer dem Vater traut, versteht den Sohn und den Geist, der heilend das Universum weitet und das Gesicht eines kleinen Kindes zum Lachen bringt.

Unendlich viele Sonnen und
undendliche Galaxien.
Je weiter wir greifen
und je intensiver wir forschen –
was sind wir glücklich, wenn ein Kind
nicht mehr weint, sondern lacht.

(18. Dezember 2012)

Die Fülle des Glanzes

Der Herr segne dich und behüte dich; der Herr lasse sein Angesicht leuchten über dir und sei dir gnädig; der Herr hebe sein Angesicht über dich und gebe dir Frieden.

4. MOSE 6,24–26

Und was nun Gott an dir tut, das tue du mit deinem Nächsten.

Was Menschen bitten –
Segen für Klein und Groß.
Was Menschen fürchten –
Unheil für Groß und Klein.
Was Menschen erbitten –
Segen, gestern, heute und morgen.

(7. Januar 2011)

Alles und jedes lobt

Frost und Kälte, lobt den Herrn, preist und rühmt ihn ewiglich! Tropfen und Flocken, lobt den Herrn, preist und rühmt ihn ewiglich!

STÜCKE ZU DANIEL 3,40

Eis und Schnee, lobt den Herrn, preist und rühmt ihn ewiglich! Eiszapfen und Schmelzwasser, lobt den Herrn, preist und rühmt ihn ewiglich!

Schnee, Kälte, Dunkelheit
sind keine Gegensätze zu dir, Gott.
Du offenbarst dich im brennenden Dornbusch
und im Wasser aus dem Felsen.
Du entspringst mit den Quellen
und richtest dich auf mit den Bergen.
Auch Dunkel und Kälte kommen aus dir.

(17. Dezember 2010)

Du machst meine Finsternis licht

Ja, du machst hell meine Leuchte, der HERR, mein Gott, macht meine Finsternis licht.

PSALM 18,29

So will ich von diesem Licht weitergeben an den, der sich noch hinter seiner Mauer aus Angst versteckt.

Ich möchte
– mitten im Winter –
baden
in deinem Licht.
Gott.

(31. Januar 2009)

Seine Herrlichkeit

Wir sahen seine Herrlichkeit, eine Herrlichkeit als des eingeborenen Sohnes vom Vater, voller Gnade und Wahrheit.

JOHANNES 1,14

Doch wer gibt schon etwas auf die Gnade eines Bescheidenen und auf die Wahrheit eines Wanderers?

Ein kleines Licht,
ein schwacher Trost,
ein Kind ist uns geboren:
Herrlichkeit – zärtlich buchstabiert.

(4. Januar 2009)

Die Christrose möge blühen

Die Himmel erzählen die Ehre Gottes, und die Feste verkündigt seiner Hände Werk.

PSALM 19,2

So wollen wir die Instrumente stimmen, den Himmel loben, die Sterne bestaunen, den Engeln trauen, den Hirten folgen, mit den Weisen danken. Und die Christrose möge blühen auch in diesen Tagen.

Wer geht, kann finden.
Wer bleibt, wird verlieren.
Du, Gott, schickst uns auf eine Reise.
Niemand soll uns aufhalten.
Kein Besserwisser, kein Rechthaber,
kein schlechtes Gewissen und keine Krämerin.
Da wird Leben sein.

(21. Dezember 2012)

Gott will im Dunkel wohnen

Da sprach Salomo: Die Sonne hat der HERR an den Himmel gestellt; er hat aber gesagt, er wolle im Dunkel wohnen. So habe ich nun ein Haus gebaut dir zur Wohnung, eine Stätte, dass du ewiglich da wohnest.

1. KÖNIGE 8,12

Denn das Dunkel wahrt ein heiliges Geheimnis, doch nichts Dunkles hält deinem Licht stand.

Nichts Dunkles hält stand.
Wir feiern die Wiederkehr des Glanzes in der Welt.
Dein Glanz erlischt nicht am Abend
und bedarf nicht der Sonne.
Du, Gott, bist der Glanz.

(19. Dezember 2009)

Gott durch die Hintertür

Seht auf und erhebt eure Häupter, weil sich eure Erlösung naht.

LUKAS 21,28

Da ist ein Licht. Es wird im Dunkeln dein Freund. Da ist ein Licht in jeder Nacht.

Bricht der Mond durch die Nacht,
zeigt ein Stern dir den Weg,
hast du Glück, und es löst sich kein Stein.
Schlüssel gibt es hier nicht,
wo die Brennnessel blüht,
da tritt Gott durch die Hintertür herein.

(8. Dezember 2013)

Schlusslicht

Die Furcht des Herrn ist der Weisheit Anfang. Klug sind alle, die danach tun. Sein Lob bleibet ewiglich.

PSALM 111,10

Die Pläne der Mächtigen sind der Weisheit Schlusslicht. Töricht sind alle, die sich nach ihren Meinungen richten. Von den Mächtigen bleibt nur ein verblassendes Bild.

Es könnte ja sein,
ein Cäsar, Hitler oder Nero
hätte es „gut gemeint“.
Doch keiner meinte es gut.
Sie waren alle aus auf Tod, auf ihr Recht, auf ihre Macht.
Und da war kein Gott, geschweige denn etwas Liebes in ihren Plänen.

(13. Januar 2012)

Meines Lebens Kraft

Der HERR ist mein Licht und mein Heil; vor wem sollte ich mich fürchten? Der HERR ist meines Lebens Kraft; vor wem sollte mir grauen?

PSALM 27,1

Ich vertraue nicht den Prognosen der Händler, suche nicht den schnellen Gewinn. Ich übe Geduld.

Ich habe die Pläne nicht entworfen,
die Straßen nicht gebaut,
die Karten nicht gezeichnet.
Doch gehe ich getrost meinen Weg.

(3. Januar 2009)

Finsternis und Licht

Spräche ich: Finsternis möge mich decken und Nacht statt Licht um mich sein –, so wäre auch Finsternis nicht finster bei dir, und die Nacht leuchtete wie der Tag. Finsternis ist wie das Licht,

PSALM 139,11.12

wenn du da bist. Bist du nicht da, Gott, dann wäre Finsternis nur Schrecken und Licht, nur ein matter Abglanz.

Geboren werden ohne Gott –
ein Zufall.
Leben ohne Gott –
eine Verschwendung.
Sterben ohne Gott –
das Ende.

(24. Januar 2012)

Bethlehem in Juda

Und du, Bethlehem Efrata, die du klein bist unter den Städten in Juda, aus dir soll mir der kommen, der in Israel Herr sei, dessen Ausgang von Anfang und von Ewigkeit her gewesen ist.

MICHA 5,1

Zu dir sind sie gekommen, gezählt zu werden, Steuern zu bezahlen, taxiert zu werden und in Büchern zu stehen. Und dann kam einer, der alle Listen aufhob und alle Erwartungen sprengte.

In die kleinste Stadt,
heute wohnen dort Palästinenser,
in die arme Stadt,
heute wohnen dort Ausgegrenzte,
in Davids Stadt
kommen Maria und Joseph
und finden nicht, was ein Mensch bräuchte,
einen Mitmenschen – Heimat eben.

(23. Dezember 2011)

Gott der kleinen Leute

Und der Engel sprach zu ihnen: Fürchtet euch nicht! Siehe, ich verkündige euch große Freude, die allem Volk widerfahren wird; denn euch ist heute der Heiland geboren, welcher ist Christus, der Herr, in der Stadt Davids.

LUKAS 2,10.11

Da staunten die Hirten und sprachen: Seit wann kümmert sich Gott um die kleinen Leute?

... und wieder: allem Volk!
Nicht den Erlauchten und Erlesenen,
nicht der Auswahl, der Elite,
sondern „der breiten Masse" gute Nachricht.
Die Engel sprechen armer Leute Sprache.

(25. Dezember 2008)

Wachsen ins Licht

Wir sehen jetzt durch einen Spiegel ein dunkles Bild; dann aber von Angesicht zu Angesicht. Jetzt erkenne ich stückweise; dann aber werde ich erkennen, wie ich erkannt bin.

1. KORINTHER 13,12

Das Kind ist uns in die Wiege gelegt.

An deiner Seite
möchte ich wachsen,
ins Licht,
in den Glauben,
ins Leben.

(23. Dezember 2008)

Licht und Leuchten

Das Auge ist das Licht des Leibes. Wenn dein Auge lauter ist, so wird dein ganzer Leib licht sein. Wenn aber dein Auge böse ist, so wird dein ganzer Leib finster sein. Wenn nun das Licht, das in dir ist, Finsternis ist, wie groß wird dann die Finsternis sein?

MATTHÄUS 6,22.23

Da kannst du noch so viele Leuchten kaufen, sie machen das Dunkel der Seele nicht wett.

Christus,
uns traust du zu, in der Welt zu leuchten.
Nähre unser spärliches Licht
mit dem Feuer des Heiligen Geistes.
Wir taugen nicht für dunkle Zeiten.

(30. Januar 2010)

Wahres Licht

Die Finsternis vergeht, und das wahre Licht scheint jetzt

1. JOHANNES 2,8

ganz ohne Wellness-Sonnen und Glühbirnen.

Ich leuchte mir selbst
und sage
da sei Licht.
Ich täusche mich selbst
und weiß
da bleiben Ängste.
Es sei denn,
du
wärest das Licht
auch meines Lebens.

(6. Januar 2011)

Nicht den Kopf hängen lassen

Seht auf und erhebt eure Häupter, weil sich eure Erlösung naht.

LUKAS 21,28

Wer jetzt den Kopf hängen lässt, verpasst das Beste und übersieht das Wichtigste.

Noch ist wenig Licht auf dem Weg.
Noch kommen wir aus dem Dunkel.
Noch tragen wir schwer an der Vergangenheit.
Doch sehen wir schon von Weitem den Schein.
Doch werden wir mehr und mehr.
Doch vertrauen wir darauf: Am Ende – im Licht.

(4. Dezember 2011)

Ich glaube an Jesus Christus

Also hat Gott die Welt geliebt, dass er seinen eingeborenen Sohn gab, damit alle, die an ihn glauben, nicht verloren werden, sondern das ewige Leben haben. Denn Gott hat seinen Sohn nicht in die Welt gesandt, dass er die Welt richte, sondern dass die Welt durch ihn gerettet werde.

JOHANNES 3,16.17

So wird er nicht trennen, sondern verbinden; nicht töten, sondern Leben schaffen; nicht vergelten, sondern verzeihen; nicht rechnen, sondern schenken.

Wir feiern die Geburt Jesu
schon im Blick auf Passion und Ostern –
auch uns zur Hoffnung und Freude.
Und dann
wird eine Wärme uns erfüllen,
die jeder Kälte trotzt;
ein Licht, das allem Dunkel leuchtet;
ein Leben, das endlich allen gilt.

(24. Dezember 2011)

Werde licht

Mache dich auf, werde licht; denn dein Licht kommt, und die Herrlichkeit des HERRN geht auf über dir!

JESAJA 60,1

Da war vieles, was dunkel war und im Schatten lag. Nun aber wirft Gott sein Licht auf die Erde – und es wird hell.

Tritt aus dem Schatten, stell dich ins Licht Gottes,
lass dich wärmen von den Kerzen,
genieße den warmen Schein, das stille Leuchten.
Gott lichtet deine Seele.

(7. Dezember 2009)

Gott durch die Hintertür

Seht auf und erhebt eure Häupter, weil sich eure Erlösung naht.

LUKAS 21,28

Da ist ein Licht. Es wird im Dunkeln dein Freund. Da ist ein Licht in jeder Nacht.

Bricht der Mond durch die Nacht,
zeigt ein Stern dir den Weg,
hast du Glück, und es löst sich kein Stein.
Schlüssel gibt es hier nicht,
wo die Brennnessel blüht,
da tritt Gott durch die Hintertür herein.

(8. Dezember 2013)

Offener Himmel

Über dir geht auf der Herr, und seine Herrlichkeit erscheint über dir.

JESAJA 60,2

Gott geht durchs Land.

Ich suchte dich
am Horizont des Meeres,
in der Weite des Himmels
und auf den Gipfeln der Berge.
Doch ich muss nur durchs Fenster schauen
oder in den Spiegel,
dann bist du zum Greifen nah.

(1. Februar 2009)

Gott löscht nicht das Licht

Gott spricht: Ich will euch trösten, wie einen seine Mutter tröstet.

JESAJA 66,13

Sie bleibt bei euch und löscht nicht das Licht.

Du reichst mir deine Hand, Licht von deinem Licht.
Nun lass meine Seele sich wärmen an deinem Glanz,
lass meine Wunden heilen an diesem Licht.
Und lass mich gehen. Aufrecht. In meinen Tag.

(1. Dezember 2008)

Nur ein kleines Licht

Ja, du machst hell meine Leuchte, der Herr, mein Gott, macht meine Finsternis licht.

PSALM 18,29

Der Übergang von Jahr zur Jahr gibt mir zu denken, der Wechsel stellt Aufgaben. Die Jahre gehen schneller. Ich muss aufgeben, was war. Muss annehmen, was ich noch nicht kenne.

Wie oft ist das Licht aus,
unsere Liebe ist ausgebrannt,
unsere Kraft ist ausgebrannt,
unsere Hoffnung ist verlorengegangen.
Dann bin ich nur ein kleines Licht.
Aber ich traue mich zu gehen.
Ein weites Herz lässt mich leuchten.

(28. Dezember 2012)

Licht am Morgen der Schöpfung

Sollte Gott nicht auch Recht schaffen seinen Auserwählten, die zu ihm Tag und Nacht rufen, und sollte er's bei ihnen lange hinziehen? Ich sage euch: Er wird ihnen Recht schaffen in Kürze.

LUKAS 18,7.8

Doch messt die Kürze nicht am Aufgang und Untergang des Mondes, sondern an der Macht des Lichtes am Morgen der Schöpfung.

Aus der Dunkelheit machst du Licht,
aus dem Labyrinth von Problemen
führst du uns einen Weg.
Befreie uns, guter Gott.
Und alle, die unter Unrecht leiden.

(20. Dezember 2016)

Die Fülle der Gottheit

Von seiner Fülle haben wir alle genommen Gnade um Gnade.

JOHANNES 1,16

Und doch ahnen wir nur die Fülle, sehen den Mangel und zweifeln an der Kraft.

Ein kleines Kind,
und in ihm deine ganze Fülle, Gott,
wer soll das begreifen?
Öffne auch mir Augen, Ohren und Herz.
Ich möchte verstehen.

(26. Dezember 2007)

Nicht hoch hinaus

Er sprach zu ihnen: Wer dieses Kind aufnimmt in meinem Namen, der nimmt mich auf; und wer mich aufnimmt, der nimmt den auf, der mich gesandt hat. Denn wer der Kleinste ist unter euch allen, der ist groß.

LUKAS 9,48

So wollt nun nicht gleich hoch hinaus, nachdem ihr den Glauben gefunden habt. Es warten viele auf das Licht. Ihr dürft noch weite Wege gehen.

Auf dem Boden bleiben.
Achtsam leben.
Fröhlich glauben.
Mutig gestalten.
All das nehme ich als Geschenk
mit in die Wende des Jahres.

(28. Dezember 2010)

Gutes
Neues

Tiefe der Stille

Als sie es aber gesehen hatten, breiteten sie das Wort aus, das zu ihnen von diesem Kinde gesagt war. Und alle, vor die es kam, wunderten sich über das, was ihnen die Hirten gesagt hatten.

LUKAS 2,17.18

Denn alle waren von dem Leuchten ergriffen, von dem weiten Klang und der Tiefe der Stille.

Wenn unser Leben gelingt,
reihen wir uns ein
wie die Zugvögel im Herbst
Richtung Wärme.
Wir folgen Wegen, die ein Geheimnis bleiben
und dennoch ans Ziel führen.

(26. Dezember 2013)

Was bleibt? Gottes Güte

Ich aber werde bleiben wie ein grünender Ölbaum im Hause Gottes; ich verlasse mich auf Gottes Güte immer und ewig.

PSALM 52,10

Man mag es drehen und wenden, mag sortieren und Strichlisten führen – so denkt Gott nicht. Am Ende wird es nicht sein wie im Märchen, sondern so, wie es in der Gegenwart Jesu war: Blinde werden sehen, Ausgesetzte werden integriert, Hungernde haben zu essen, Flüchtlinge ein Dach über dem Kopf und Totgesagte leben.

Nimm
das Vergangene unter deine Fittiche,
das Erkaltete wärme,
dem Vertanen gib eine neue Chance,
keiner soll ausgegrenzt sein,
keiner ein Verlierer.
Die Schuldigen nimm zur Brust, dass sie sich ändern.
Die Sieger nimm zur Brust, dass sie sich nicht
überheben.
Und mich nimm an dein Herz,
dass ich bleibe und lebe.

(31. Dezember 2011)

Licht bricht sich Bahn
durch Rollläden.
Glänzt auf dem Wasser.
Treibt die Knospen zu Blüten
und den Mann zur Frau.
Brennt bis unter die Haut
und leuchtet in der Mitte der Nacht.

Menschen haben
das Licht, das Leuchten, den Glanz, das Helle,
die Sonne und Sterne,
das Feuer und seine Klärung
als Wunder gefeiert.

Licht wärmt.
Schöpfung glänzt.
Kerzen wärmen.

Dem Licht gib Heimat,
die Schöpfung bewahre.

Halte die Kerze
in der hohlen Hand.
Gib sie nicht auf.

Gott leuchtet dir morgen
neue Wege.